Esta semilla germina

por Holly Schroeder
ilustrado por Denny Bond

Scott Foresman
is an imprint of

PEARSON

Glenview, Illinois • Boston, Massachusetts • Chandler, Arizona
Upper Saddle River, New Jersey

Illustrations by Denny Bond

ISBN 13: 978-0-328-53434-0
ISBN 10:   0-328-53434-X

Copyright © by Pearson Education, Inc., or its affiliates. All rights reserved. Printed in the United States of America. This publication is protected by copyright, and permission should be obtained from the publisher prior to any prohibited reproduction, storage in a retrieval system, or transmission in any form or by any means, electronic, mechanical, photocopying, recording, or likewise. For information regarding permissions, write to Pearson Curriculum Rights & Permissions, One Lake Street, Upper Saddle River, New Jersey 07458.

Pearson® is a trademark, in the U.S. and/or other countries, of Pearson plc or its affiliates.

Scott Foresman® is a trademark, in the U.S. and/or other countries, of Pearson Education, Inc., or its affiliates.

2 3 4 5 6 7 8 9 10 V0N4 13 12 11 10

semilla

Esto es una semilla. Las semillas pueden tener diferentes colores y texturas. Si siembras un puñado de semillas, muchas se vuelven flores, plantas y luego árboles. Otras semillas son granos, como el maíz o el trigo.

Una semilla germina.

Esta semilla puede convertirse en una flor. Primero, la semilla debe *germinar,* que quiere decir "comenzar a crecer".

suelo
↓

Esto es el suelo. Las plantas necesitan los minerales del suelo para crecer. Las semillas germinan en el humus de la tierra del suelo.

Las semillas necesitan distintas sustancias.
Las semillas no crecen si no tienen agua.
El agua se filtra por las partículas de limo y arcilla de la tierra hacia la semilla.

← raíz

Esto es una raíz. Las raíces de la planta la mantienen fija en el suelo. Las raíces toman el agua y los minerales del suelo para mantener la planta sana.

plántula →

Esto es una plántula. Sale de la semilla.
Crecerá hacia arriba en busca de la luz del Sol.

La plántula crece poco a poco. Pronto será una planta verde.

flor →

Esto es una flor. El suelo, el agua y la luz del Sol ayudan a la planta a crecer. Luego, brota una flor y se abre. Las flores hacen la planta más bonita.

De la flor caen semillas al suelo. Algunas llegarán a ser flores nuevas, como estos girasoles. ¡Es el proceso más increíble de la naturaleza!

Mira el diagrama. Muestra cómo crece y cambia esta semilla en el suelo. ¿Qué crees que pasará después?